AF220123

Plauen (Vogtl.)
Ein Stadtführer

Wolfgang Jung

Bibliografische Information der Deutschen Nationalbibliothek: Die Deutsche Nationalbibliothek verzeichnet diese Publikation in der Deutschen Nationalbibliografie; detaillierte bibliografische Daten sind im Internet über dnb.dnb.de abrufbar.

Herstellung und Verlag: BoD – Books on Demand, Norderstedt

ISBN 9783756821068

Vorwort

Von Österreich heißt es, das Land sei „eine kleine Welt, in der die große ihre Probe hält." Vermutlich trifft dieser Satz auf viele Orte zu, vornehmlich solche in der sogenannten Provinz, wozu man auch Plauen im Vogtland zählen mag. Es sind Orte, wo geschichtliche Prozesse und Ereignisse, die andernorts ihren Ausgang genommen haben, ihren Niederschlag gefunden haben, auf eine ganz konkrete und individuelle Weise. In Plauen haben selbst keine weltgeschichtlichen Großtaten stattgefunden, weder wurden hier entscheidenden Schlachten geschlagen noch haben hier legendäre Berühmtheiten gewirkt; und doch haben die Plauener die geschichtlichen Herausforderungen immer in einer ihnen eigenen Art angenommen. Beispielhaft steht dafür der Prozeß der Industrialisierung, der Plauen zu Anfang des 20. Jahrhundert kurzzeitig zur Großstadt werden ließ und das Stadtbild bis heute prägt. Ebenso hat Plauen weltgeschichtliche Ereignisse wie den Zweiten Weltkrieg oder das Wendejahr 1989 auf ganz spezifische Weise erlebt. Bei der Spurensuche danach läßt sich immer wieder Außerordentliches beobachten.

Genau diese Unverwechselbarkeit des Regionalen ausfindig zu machen, war während meiner acht Jahre in Plauen ein steter Antrieb, die Stadt zu erkunden. Dazu gehören die bekannten Sehenswürdigkeiten im Bereich der Altstadt ebenso wie oft selbst Plauenern nicht bekannte Orte in den äußeren Stadtteilen. Nach einem Rundgang durch die Altstadt werden in diesem „Führer" daher auch die „Vorstädte" beschrieben, wobei hier kein genau vorgekauter Rundweg beschrieben wird, sondern nur eine Richtung angegeben wird, die grob den Straßenbahnlinien folgt, die Plauen erschließen. Der Benutzer dieses Büchleins kann sich mit dem Stadtplan auf Papier oder Schlauphon orientieren und wird ohne Angst vor Irr- und Umwegen (die ja stets nur die Ortskenntnis erhöhen) sicher auch seine eigene Entdeckungen machen.

Einleitung

„Spitzenstadt" – so nennt sich Plauen gern und verweist damit in offensichtlicher Doppeldeutigkeit auf das Produkt, das den Namen der Stadt in alle Welt getragen hat – die Plauener Spitze. Doch bietet die landschaftlich reizvoll im Vogtland gelegene Stadt weit mehr als die Fabrikation jener Textilien, die heute längst nicht mehr die wirtschaftliche Bedeutung hat, die sie früher besaß. Einige werden den Namen Plauen mit dem Zeichner e.o.plauen verbinden, der durch seine Bildergeschichten „Vater und Sohn" bekannt ist. Erich Ohser – wie er mit bürgerlichem Namen hieß – gilt als bekanntester Sohn der Stadt, obwohl er nicht direkt aus Plauen stammte, sondern aus Untergettengrün, einem kleinen Dorf der Umgebung. Und wer sich für die jüngste Geschichte interessiert, erinnert sich vielleicht daran, dass Plauen im Wendejahr 1989 eine durchaus rühmliche Rolle spielte. Damit seien einleitend nur drei Aspekte der fünftgrößten Stadt Sachsens genannt,

An der Kreuzung wichtiger Handelsstraßen und an einem bedeutenden Übergang über die Elster gelegen, war Plauen seit dem Mittelalter ein Zentrum von regionaler Bedeutung. Die Bedeutung des Elsterflusses kommt schon im Namen zum Ausdruck, denn Plauen leitet sich vom slawischen Wort „plawy" ab, das soviel bedeutet wie „Floßplatz, Furt" Als „vicus Plawe" erfolgt die urkundliche

7

Erstnennung der Stadt im Jahr 1122 – und zwar in der Weiheurkunde der Johanniskirche, die in ihrer heutigen Gestalt als zweitürmige Hallenkirche die historische Kernstadt auf der Anhöhe über der Elster dominiert. Überragt wird sie nur vom nahen Turm des Neuen Rathauses.

Getrennt durch das Tal des Syra-Flüsschens liegt auf einer zweiten Anhöhe das ehemalige Schloss Plauen bzw. Schloss der Vögte. Plauen war im Mittelalter Herrschaftssitz der Vögte von Plauen und Zentrum des alsbald nach ihnen benannten Vogtlandes. Das Geschlecht der Vögte von Plauen entstand im 13. Jahrhundert, als es als Abspaltung der Linie der Vögte von Weida (Thür.) die Herrschaft über eine kaiserliche Reichsvogtei übernahm. Trotz Teilung in mehrere Linien und Druck seitens mächtiger Nachbarn über die Zeit des Mittelalters hinaus konnten die Plauener „Heinriche" (Heinrich war der obligatorische Vorname aller regierenden Vögte) ihre Herrschaft in der Region behaupten. Erst 1563 wurde das Vogtland endgültig in den Herrschaftsbereich der Wettiner eingegliedert und Bestandteil Sachsens.

Plauen war seit jeher ein Zentrum der Tuchmacherei und später der Textilindustrie, und die Spuren davon prägen noch immer das Stadtbild. Bereits im 15. Jahrhundert produzierte man in Plauen feine Baumwollgewebe, sog. Schleier („Schlöre") und trieb damit Handel. Eine erste große Blütezeit stellte sich im letzten Drittel des 18. Jahrhunderts ein, als Plauener Musselin Verbreitung in ganz Europa fand. Dem um 1800 einsetzenden Druck durch billigere weil maschinell erzeugte englische Stoffe begegnete man im Vogtland mit der folgenreichen Einführung der Handstickerei. Der große Konkurrent auf dem Gebiet der Stickereierzeugnisse, wie sie die Mode der Zeit für Kragen, Manschetten und die typischen Schuten verlangte, war die Schweiz. Ab 1840 waren dort die ersten mechanischen Stickmaschinen im Einsatz. Mit einem entscheidenden Schachzug gelang es jedoch 1858, den technologischen Anschluss herzustellen und die Schweiz alsbald zu überflügeln: Der Unternehmer Fedor Schnorr und der Werksstudenten Albert Voigt konnten in einem Akt, der hart an der Grenze zur Industriespionage lag, zwei Stickmaschinen aus der Schweiz nach Plauen bringen. Ein ebenfalls aus der Schweiz stammender Techniker, Johann Conrad Dietrich, stand bereit, die Maschine weiterzuentwickeln und in der Folge damit wirtschaftlich erfolgreich Spitze zu sticken. Weitere entscheidende Entwicklungen folgten, wie etwa die Erfindung der Tüllspitze durch Theodor Bickel (1880), die Luftspitze und die Weiterentwicklung der Schiffchenstickmaschine zum Stickautomat durch den Ingenieur Robert Zahn.

All dies bildete die Grundlage für den enormen Aufschwung, den die Stickereiindustrie nun nahm und der Plauen in der zweiten Hälfte des 19. Jahrhunderts florieren ließ. Bevölkerungszunahme und Wirtschaftswachstum sind Merkmale vieler Städte in dieser Zeit, doch das Wachstums Plauen war selbst verglichen damit exorbitant.

Lebten um 1850 etwa 10.000 Menschen in der Stadt, so waren es rund fünfzig Jahre später stolze 100.000. Aus dem sächsischen Umland und aus Böhmen kamen Arbeiter ebenso wie angehende Unternehmer, ein Boom setzte ein: Wer es sich leisten konnte, erwarb eine Stickmaschine und begann im Hinterhof mit der Produktion von Spitzen. Um 1900 belieferte Plauen die ganze Welt mit Spitzen und Gardinen, „Plauener Spitze" war spätestens seit den Auszeichnungen, die auf Weltausstellungen errungen werden konnten, zum Markenbegriff geworden. Im Jahr 1912 war mit 128 000 Einwohnern der historische Höchststand erreicht, damals breitete sich die Stadt in alle Richtungen aus, überzog die umliegenden Hügel mit rasterförmig angelegten neuen Stadtvierteln.

Die einseitige Konzentration der Industrie auf Stickerei-erzeugnisse erwies sich jedoch als Nachteil, als geänderte Moden und Absatzschwierigkeiten schon vor dem Ersten Weltkrieg zu Problemen führten. In der Zwischenkriegszeit schließlich bescherten anhaltende Krisen Plauen eine der höchsten Arbeitslosigkeitsraten Deutschlands. Eine der Folgen war, dass die Nationalsozialisten in Plauen schon früh Fuß fassen konnten. Von 1924 bis 1933 befand sich der Sitz der Gauleitung Sachsen der NSDAP in Plauen. Einer der umtriebigsten Gestalten war der Gauleiter Martin Mutschmann, der vor und neben seiner politischen Karriere hier einen Stickereibetrieb leitete.

Der Zweite Weltkrieg schließlich endete für Plauen mit einer der dunkelsten Stunde seiner Geschichte. In insgesamt vierzehn Bombenangriffen durch amerikanische und englische Verbände wurden zwischen September 1944 und April 1945 große Teile der Stadt zerstört, mindestens 2340 Menschen starben. Plauen war mit ca. 75% eine der am stärksten zerstörten Städte Deutschlands.

Der anschließende Wiederaufbau der DDR prägt bis heute weite Teile des Stadtgebiets, dabei überstand die historische Altstadt die Zeiten von Krieg und Sozialismus relativ unverändert. 1989 schließlich war Plauen die erste Stadt der DDR, in der Bürger lautstark gegen das SED-Regime protestierten. Die erste Großdemonstration, vor der die Staatsmacht kapitulieren musste, fand am 7. Oktober 1989 in Plauen statt – zwei Tage vor der ersten großen Montagsdemonstration in Leipzig. Mehr als 15.000 Menschen (die Zahlenangaben schwanken) hatten sich, aufgerufen durch einfache Flugblätter und Mundpropaganda, zusammengefunden, um ausgerechnet am 40. Jahrestag der DDR ihrem Unmut über Wahlfälschung und politische Bevormundung Ausdruck zu verleihen. Sicherheitsorgane waren mit Wasserwerfern und einem Hubschrauber im Einsatz, laut Berichten war die angespannte Stimmung an diesem denkwürdigen Tag mit Händen zu greifen. Eine blutige Eskalation der Situation konnte glücklicherweise verhindert werden, die Demonstration bildete vielmehr den Auftakt zu regelmäßigen Kundgebungen, Demonstrationen und Friedensandachten. Auf die Tatsache, dass die Plauener wesentlich mithalfen, den Stein ins Rollen zu bringen, sind die Bewohner der Stadt bis heute stolz.

Die Jahre nach der Wende waren geprägt durch gegenläufige Tendenzen, wie sie fast alle Städte und Gemeinden in der ehemaligen DDR betrafen: Entindustrialisierung und Bevölkerungsverlust durch Abwanderung sorgten für soziale und politische Verwerfungen. Zudem verlor Plauen 2008 seinen Status der Kreisfreiheit. In städtebaulicher Hinsicht stehen einer gelungene Sanierung der Altstadt einige problematische Entscheidungen wie die Errichtung eines überdimensionierten Einkaufszentrums im Zentrum („Stadtgalerie") samt unsensibel plazierten Parkhaus gegenüber. Bedauerliche Abrisse gerade im Bereich der historischen Industriearchitektur bescherten Plauen ein vielerorts „durchlöchertes" Stadtbild. In jüngster Zeit umgesetzte Projekte wie die Sanierung der „Hempelschen Fabrik" und die Neuaneignung des ehem. Schlosses der Vögte, sein Umbau zu einem Bildungscampus, signalisieren wiederum einen Aufschwung, der die ungebremste Lebendigkeit der Stadt unter Beweis stellt.

Altes Rathaus

Altstadt-Rundgang

Ein Rundgang beginnt am besten am historischen Stadtmittelpunkt, dem **Altmarkt**. Der Platz wird beherrscht vom Wahrzeichen Plauens, dem Alten Rathaus und dessen prachtvollem Renaissancegiebel. Der ursprünglich frei stehende Bau stammt in seiner heutigen Form aus dem 16. Jahrhundert, entstand allerdings nicht aus einem Guss: Der Unterbau mit seinen spätgotischen Vorhangbogenfenstern entstand 1508, auf diesen setzte man nach dem großen Stadtbrand von 1548 einen stattlichen Giebel im Renaissancestil. Als Blickfang erhielt der Giebel eine vom Hofer Uhrmachermeister Georg Pukhaw konstruierte Kunstuhr. Sie zeigt – von oben nach unten betrachtet – zuoberst eine Mondphasenkugel, die von zwei Löwen flankiert wird. Darunter folgt ein großes Ziffernblatt mit Stunden- und Minutenzeiger und zuunterst ein kleines Zifferblatt mit einem einfachen Minutenzeiger. Das große Zifferblatt wird flankiert von zwei Figuren, sog. „Wilden Männern". Während die linke Figur einen Stab hält, trägt die rechte Figur einen auffallenden Bart. Zum Stundenschlag bewegen sich beide Figuren: Der Stabträger hebt den Stab, der Bartträger bewegt seinen Bart – und ruft so die Stunde aus.

Der vorgestellte Treppen-Laubenaufgang schließlich ist eine Zutat des frühen 20. Jahrhunderts – er entstand 1912, zeitgleich mit dem Bau des Neuen Rathauses, das nach hinten an das Alte Rathaus anschließt. Ebenfalls aus dieser Zeit stammt das Standbild Heinrichs von Plauen an der Freitreppe rechts (Bildhauer Selmar Werner, 1922). Der als Ritter dargestellte Heinrich war 1410-13 Hochmeister des Deutschen Ordens und gilt als bekanntester Sproß des Geschlechts der Vögte von Plauen.

Das Innere nutzt heute das Spitzenmuseum, das herausragende Exponate der Plauener Textiltradition zeigt.

Vom Altmarkt erblickt man bereits die beiden Türme der **Johanniskirche**, der ältesten und Hauptkirche Plauens. Ihre Weiheurkunde aus dem Jahr 1122 ist zugleich ein wichtiges Dokument der Stadtgeschichte, denn sie enthält die älteste schriftliche Erwähnung Plauens („vicus plawe"; vgl. Einleitung).

Das heutige Erscheinungsbild verdankt sich im Wesentlichen dem Neubau der Kirche nach dem großen Stadtbrand von 1548. Damals entstand die Kirche als dreischiffige spätgotische Halle auf dem Grundriss und den Fundamenten des Vorgängerbaus, einer romanischen Basilika mit Rechtecktchor und Zweiturmfassade. Die Türme selbst – 54 Meter hoch – erhielten im Jahr 1639 ihre heutigen Achteckaufsätze mit den barocken Hauben.

Das Innere wird dominiert von den massiven Achteckpfeilern und dem darauf ruhenden beeindruckenden Sternrippengewölbe. Von der ursprünglichen Ausstattung ist nach Zerstörungen im Zweiten Weltkrieg und einer purifizierenden Restaurierung in den 1950er Jahren nicht mehr viel erhalten – die aktuelle Einrichtung stammt zum überwiegenden Teil aus anderen Kirchen Sachsens: Die Figuren und Reliefs des Hauptaltars stammen aus Neustädtel bei Schneeberg, die prächtige barocke Kanzel aus Miltitz bei Görlitz. Von besonderem Interesse ist ein barockes Gemälde in der Seitenkapelle der sog. Kapelle der Vögte: Es stellt die Taufe Christi vor dem Hintergrund Plauens dar. Deutlich auszumachen darauf sind markante Bauwerke der Stadt wie die Elsterbrücke, das Schloss der Vögte und die Johanniskirche selbst.

Johanniskirche von Süden

Von der Johanniskirche ist es nicht weit zur alten Elsterbrücke. Dazu geht man den sog. Schulberg bergab ins Tal des heute unterirdisch verlegten Syraflusses.Wo heute die vielbefahrene Syrastraße verläuft und ein großer Parkplatz ins Auge fällt, befand sich bis zur dramatischen Bombardierung Plauens 1945 das dicht bebaute Gebiet der Neustadt. Die Bezeichnung „Neustadt" bezeichnet dabei die große mittelalterliche Stadterweiterung und datiert bereits aus 1263. Mittelpunkt war der Neustadtplatz, auf dem sich u.a. die traditionsreiche Poststation befand, in der auch Johann Wolfgang von Goethe 1795 auf einer seiner Reisen nach Böhmen abstieg. Er verabsäumte dabei übrigens nicht in seinem Tagebuch die schönen Musselin-Fabriken Plauens zu erwähnen.

Ein paar Schritte nur sind es vom Neustadtplatz zur alten **Elsterbrücke**. Es ist heute nur mehr schwer vorstellbar, dass hier einst der mittels zweier Tortürme gesicherte Eingang in die befestigte Altstadt war, dass gleich nebenan auf dichtestem Raum eine Mühle und ein Hospital standen. Heute präsentiert sich die 1244 erstmals erwähnte, im Lauf der Jahrhunderte mehrfach veränderte Brücke als fünfbogige Steinbrücke, die den Fußgängern vorbehalten ist. An ihrem Ende steht – an historisch verbürgter Stelle – eine rekonstruierte Postmeilensäule. Diese auf Geheiß August des Starken in ganz Sachsen errichteten Säulen stellen ein frühes Wegweisersystem dar. Auf ihnen finden sich Entfernungsangaben zu den nächstliegenden Orten, in Wegstunden angegeben.

Vom Neustadtplatz bietet sich der beste Blick auf die Überreste des ehemaligen **Schlosses der Vögte**. Von den Vögten von Plauen als Herrschaftssitz auf einer der Stadt gegenüberliegenden Anhöhe, zugleich in strategisch vorteilhafter Lage nahe des Elsterübergangs errichtet, hat es eine wechselvolle Baugeschichte. Die erste Burg entstand Mitte des 13. Jahrhunderts zeitgleich mit der Anlage der Neustadt. Zerstörungen infolge des Hussitensturms 1430 und mehrere Brände vernichteten den oberirdischen mittelalterlichen Baubestand, Neubauten wie ein „Querhaus" – errichtet ab 1670 durch Herzog Moritz von Sachsen-Zeitz, der Plauen kurzzeitig zu seiner Nebenresidenz erkor – traten an ihre Stelle. Nach Eingliederung des Vogtlandes in das Kurfürstentum Sachsen wurde das Schloss kursächsischer Amtssitz. Seit Mitte des 19. Jahrhunderts wurde es ausschließlich als Justiz- und Gefängnisstandort genutzt, dazu entstand u.a. ein bemerkenswerter, inzwischen leider abgerissener Y-förmiger Zellenbau im Innenhof und das markante gelbe Gründerzeit-Gebäude an der Südflanke als Amtsgericht (1906). Im Zweiten Weltkrieg wurde auch das Schloss stark beschädigt. Bis 2007 war in den Gebäuden die Justizvollzugsanstalt Plauen untergebracht, danach stand die Anlage viele Jahre leer. Derzeit ist die Neugestaltung des Areals und sein Umbau zum Campus der Staatlichen Studienakademie in vollem Gange.

Markantester historischer Bauteil ist heute der sog. Rote Turm, sechzehneckig und aus Bruchstein mit bis zu drei Meter dicken Mauern um 1425 erbaut. Im Innenbereich blieben nach Abriss des ehemaligen Gefängnistraktes nur

Fassadenteile des o.g. Querhauses erhalten. Sie wurden in den Neubau eines Multifunktionsgebäude des Campus der Staatlichen Studienakademie Plauen integriert.

Im Zuge der Wiederbelebung des Schlossgeländes wurde auch der westliche Schlosshang neu gestaltet (Schlossterrassen). An seinem Fuß befindet sich der Eingang zum Luftschutzmuseum „Meyenhof". Von der einst die Talkante säumende Häuserzeile blieben nur die Kellergänge in den Berg erhalten, die im Zweiten Weltkrieg dem Luftschutz dienten. Ab 2005 wurden sie vom Vogtländischen Bergknappenverein freigelegt und zum Museum gestaltet, das auf eindrückliche Weise an die verheerenden Luftangriffe auf Plauen 1945 erinnert.

Man mache hier am besten kehrt und wende sich wieder der Altstadt zu, bleibe aber in der Niederung der Elsteraue. Zwischen den neuen Gebäuden von Sparkasse und Altenheim führt ein Weg zum **Komturhof**. Der auch als Konventsgebäude bekannte rechteckige Bruchsteinbau unterhalb der Johanniskirche stellt den erhaltenen Rest der Plauener Komturei, der Niederlassung des Deutschen Ritterordens, dar. Der Orden wurde 1224 von den Vögten an die Johanniskirche berufen, übernahm hier neben geistlichen auch zahlreiche weltliche Aufgaben im Dienste einer Kolonialisierung und Verwaltung des Landes. Die Komturei bestand bis zur Zeit der Reformation und diente anschließend vornehmlich Schulzwecken. Im Zweiten Weltkrieg zerstört und danach als Lagerraum verwendet, befindet sich der bedeutende Bau seit einigen Jahren in Rekonstruktion.

Unser Rundgang führt über den Mühlgraben am Fuße des Abhangs entlang weiter zu den sog. **Weberhäuser**n (Bleichstraße). Der Hang zur Rechten trägt im Volksmund den Namen „Rähme" – ein Wort das auf die Rahmengestelle verweist, an denen die Tuchmacher nach ihre fertiggestellten Stoffe zum Trocknen aufspannten. Der Name „Weberhäuser" ist missverständlich, denn es waren hier keine Weber, sondern vielmehr mit dem Walken, Bleichen und Färben von Tuch beschäftigte Arbeiter tätig. Hier, außer- und unterhalb der Stadtmauer, an den am Mühlgraben gelegenen Mühlen und Werkstätten lebten sie in kleinen Häusern auf engstem Raum. Nach der Wende wurden die letzten erhaltenen Häuser vor dem Abriss bewahrt, sie sind heute Domizil des Vereins Unikat, der Kurse und Veranstaltungen rund um altes Handwerk anbietet.

Die Weberhäuser stehen im Schatten der mächtigen, derzeit im Umbau begriffenen **Hempelschen Fabrik**, eines Textilveredelungsbetriebs aus dem 19. Jahrhundert. Das erhaltene Produktionsgebäude ist ein Beispiel für die einst zahlreichen Textilfabriken, die aus oben erwähnten Mühlen und Werkstätten hervorgegangen waren. Hier kann die Wiege der Industrialisierung in Plauen verortet werden. Das schönste und bedeutendste Denkmal aus der Frühzeit der Industrialisierung stellt dabei das

Weisbachsche Haus dar, das direkt an die Weberhäuser anschließt.

Das **Weisbachsche Haus** (Bleichstr. 1-3) wurde 1777/78 als Kattun-Druckerei errichtet. Der Kattundruck, das Bedrucken von eng gewebten Baumwollstoffen mit Mustern hatte sich in der zweiten Hälfte des 18. Jahrhunderts in Plauen etabliert. Der Nürnberger Kaufmann Johann August Neumeister betrieb zusammen mit anderen Gesellschaftern eine florierende Produktionsstätte, die jedoch zu klein geworden war. Das neu errichtete Manufakturgebäude am Mühlgraben bot ausreichend Platz für die mit Wasserkraft betriebenen Mangeln und die Druckstuben, in denen Stoffe per Hand mit Modeln im Umdruckverfahren bedruckt wurden. Später übernahm der reiche Kaufmann Ernst Wilhelm Conrad Gössel die Manufaktur und ließ eine Spinnerei anbauen. Ihm folgte Carl Wilhelm Weisbach, der dem Haus seinen heutigen Namen gab. Das beständig vergrößerte Gebäude mit seiner palastähnlichen Fassade ist eines der bedeutendsten erhaltenen Manufakturgebäude Deutschlands. Es wird in Zukunft das Deutsche Forum für Textil und Spitze beherbergen und in einer modernen Ausstellung die große Plauener Textiltradition erlebbar machen.

Blick zum Malzhaus

Über den Mühlgraben und den Mühlberg geht es bergauf wieder in den Bereich der Altstadt. Hier, an der Südostecke der Kernstadt haben sich schöne Reste der alten Stadtbefestigung erhalten, deutlich erkennbar sind die innere und äußere Mauer smit dem dazwischenliegenden Zwingerbereich. Das markante Gebäude an dieser Ecke ist heute als **Malzhaus** (Alter Teich 7) bekannt. Seine Geschichte reicht bis in die Anfangszeit Plauens zurück, denn hier bestand die Burg der Grafen von Everstein. Diese werden in der Weiheurkunde der Johanniskirche von 1122 als die ersten Landesherren im damaligen Dobnagaus erwähnt. Während die den Eversteinern nachfolgenden Vögte ihr Schloss am Plateau östlich über dem Syrahang errichteten, verfiel das „Alte Schloss" der Eversteiner. 1727-1730 wurde schließlich auf den Fundamenten der Burg ein städtische Malzhaus errichtet. Sein auffallendster Bauteil ist das hohe Mansarddach, in dem einst die Gerste zu Malz getrocknet wurde, das dann von den brauberechtigten Bürgern in der Stadt zur Bierherstellung verwendet wurde. Die Funktion als Malzhaus erfüllte das Bauwerk bis Ende des 19. Jahrhunderts, danach diente es Lagerzwecken. Zu DDR-Zeiten schließlich nutzte es ein Jugendclub als Domizil. Aufgrund seiner oppositionellen Ausrichtung stand dieser unter ständiger Beobachtung durch die Stasi, seiner vorgesehenen bzw. erzwungenen Schließung kam schließlich die Wende von 1989 zuvor. Danach wurde es zum Musik- und Veranstaltungszentrum. Eine Gedenktafel am Haus erinnert an den letzten Auftritt von Rio Reiser vor seinem Tod, der am 24. Mai 1996 im Malzhaus stattfand.

Vom Malzhaus hat man einen Blick über den sog. Topfmarkt Richtung Johanniskirche. Zur Linken liegt das alte Innungshaus der Zeugmacher (Alter Teich 11), wobei Zeugmacher hier die Weber von Tuchen aus gekämmter Schafwolle bezeichnet. Weiter links abbiegend, führt die schmale Teichgasse zur Straßberger Straße, der einstigen Ausfallstraße nach Westen. Man biege hier in die Nobelstraße ein, wo man nach wenigen Schritten eines der schönsten historischen Architekturensembles der Stadt erreicht: die ehemaligen Kaufmannshäuser Nobelstraße Nr. 9/11 bzw. 13, die heute das **Vogtlandmuseum** beherbergen.

Die Häuser mit ihren prächtigen Fassaden im Stil des Spätbarock bzw Frühklassizismus entstanden zwischen 1787 und 1799. Das Doppelhaus Nr. 9/11 ließ sich der reiche Baumwollwarenhändler Johann Christian Baumgärtel als repräsentatives Wohn- und Kontorhaus errichten, das anschließende Haus Nr. 13 war die Residenz von Johann Christian Kanz, dessen Name bis heute über dem Portal zu lesen ist. Im Giebel von Nr. 9 sieht man den Merkurstab als Kaufmannssymbol, darunter zeigen zwei ovale Medaillons den Kaufmann am Schreibpult bzw. den Weber am Stuhl. Höhepunkt der Innenausstattung ist der Festsaal mit seinen Stuckreliefs, die die zwölf Monate darstellen. Alles dies ist Zeichen für ein durch Handel reich und selbstbewusst gewordenes Bürgertum, das an reeller Macht und Bedeutung den Adel überflügelt hatte.

Geschichtliche Bedeutung haben die Gebäude auch durch namhafte Besucher, die hier bei ihren Aufenthalten in Plauen Quartier bezogen haben: 1812 waren Napoleon und sein Gefolge zu Gast, der französische Kaiser befand sich auf dem Weg nach Dresden, wo Vorbereitungen auf den fatalen Russland-Feldzug stattfinden sollten. Im Folgejahr war dann König Friedrich August für mehrere Wochen im Baumgärtelschen Haus einquartiert. Er war aus Dresden hierher gekommen, nachdem die beginnenden Befreiungskriege gegen Napoleon den König zur Flucht aus Dresden gezwungen hatten.

Seit 1923 wird das Gebäude als Museum genutzt, das Geschichte und Kultur des Vogtlandes ausstellt und dokumentiert – heute als Vogtlandmuseum das kulturelle Gedächtnis der Region. Im benachbarten Haus Nr. 7 ist seit 2011 die „Galerie e.o.plauen" untergebracht und erinnert an das Werk des wohl berühmtesten Vogtländers, des Zeichners Erich Ohser. Seine berühmteste Schöpfung steht als Standbild vor dem Museum: „Vater und Sohn" sind die Helden seiner Bildgeschichten, die 1934-37 höchst erfolgreich in der „Berliner Illustrierten Zeitung" erschienen waren. Zu diesem Zeitpunkt durfte Ohser nur mehr unter Pseudonym veröffentlichen – aufgrund regimekritischer Äußerungen war er bei den Nationalsozialisten in Ungnade gefallen. Als Pseudonym wählte er die Anfangsbuchstaben seines Namens und den Namen seiner Heimatstadt – und ging so als „e.o.plauen" in die Kunstgeschichte ein.

Gebäude des Vogtlandmuseums in der Nobelstraße

Die Nobelstraße weiter schlendernd, erreicht man alsbald
die Neundorfer Straße mit einem schönen städtebaulichen
Ensemble von Bauwerken aus der Blütezeit Plauens Anfang
des 20. Jahrhunderts: Die markanten Gebäude von
Feuerwache, Sparkasse und Neuem Rathaus sind allesamt

Schöpfungen des damaligen Stadtbaumeisters Wilhelm Goette.

Am auffallendsten unter ihnen ist das **Neue Rathaus** (Unterer Graben 1), auch wenn seine einstige prachtvolle Schauseite nicht mehr existiert: Nach Zerstörung im Zweiten Weltkrieg wurde der Mitteltrakt des Neuen Rathauses in den 1970er Jahren durch eine seltsam schräg geneigte Stahl-Glas-Konstruktion ersetzt. Der darunter zurückversetzt liegende Eingang erhielt aufgrund der dunklen Lichtsituation im Volksmund den Namen „Geisterbahn." Freigelegt wird hier derzeit ein lange Jahre unter Steinplatten verborgenes Wandbild von Karl-Heinz Adler und Friedrich Kracht: eine geometrisch-abstrakte Farbkomposition, die als ungewöhnlich für DDR-Kunst gelten darf und erst jüngst „wiederentdeckt" wurde.

Das Neue Rathaus selbst prägt als mächtiger Baukörper die gesamte Altstadt. Es entstand in den „Großstadtjahren" Plauens, als die anwachsende Bevölkerung einen größeren Rathausneubau erforderlich machte. Baubeginn war 1912, der Erste Weltkrieg verzögerte seine Fertigstellung bis 1922. Als Erweiterung des Alten Rathauses schließt es direkt an dieses an. Krönung des Baus ist der wahrzeichenhafte und weithin sichtbare Rathausturm, der eine Höhe von 64 m erreicht.

Dem Neuen Rathaus gegenüber steht mit der **Lutherkirche** ein Bauzeuge aus früherer Zeit. Diese zweitälteste Kirche Plauens entstand 1693-1722 als „Gottesackerkirche"

(Friedhofskirche) außerhalb der Stadtmauer. Im Erscheinungsbild wie im Grundriss präsentiert sie sich als Übergangsbauwerk. Nachwirkende Gotik am Chor mit seinen Spitzbogenfenstern verbindet sich mit einem frühen barocken Zentralraum, der hier freilich noch als Achteck ausfällt. Der stimmungsvolle Innenraum wird dominiert von einem außergewöhnlichen Flügelaltar mit spätgotischen Schnitzarbeiten, die im Mittelfeld die Beweinung Christi, an den Seitenflügeln Szenen aus der Passion darstellen. Sie sind das Werk eines Erfurter Meisters der Zeit um 1490 und befanden sich ursprünglich in der Leipziger Thomaskirche.

Der an die Kirche anschließende Park nimmt die Fläche des ehemaligen Friedhofs ein, der hier bis 1883 bestand. An ihm entlang führt die kurze Strecke des „Unteren Grabens" zum zentralen Postplatz, dem modernen Verkehrsknotenpunkt und geschäftigen Mittelpunkt Plauens. Dabei passieren wir rechterhand den sog. **Nonnenturm** mit seinem auffälligen Kegeldach. Er stellt den letzten erhaltenen Turm der einstigen Stadtbefestigung dar – ein Eckturm mit vorgelagerter (erneuerter) Bastei. Seinen Namen trägt er von einem einst nahebei gelegenen Regelhaus der „Schwestern der dritten Regel zur Buße des heiligen Dominikus", in dem Laienschwestern, sog. Beginen, klosterähnlich zusammenlebten und sich der Krankenpflege widmeten. In der kleinen Parkanlage neben dem Nonnenturm steht ein Denkmal für den vogtländischen Dichter Julius Mosen (1888).

Der hier anschließende schon erwähnte Postplatz ist allgemein als „**Tunnel**" bekannt. Die Bezeichnung verweist auf topographische Gegebenheiten: Der Besucher steht hier im Tal der Syra, die seit den 1960er Jahren verrohrt etwa zehn Meter unter dem heutigen Straßenniveau fließt. Vorher überspannte eine Brücke den Fluss, die vom Syrauer Tor der Stadtmauer aus über den Fluss führte und als Reichsstraße weiter ins Thüringische führte. Einen erheblichen Bedeutungszuwachs erlangte der Übergang, als 1848 der Bahnhof eröffnet wurde und die zu ihm führende Bahnhofsstraße die neue Wachstumsrichtung der Stadt vorgab. Die Syrabrücke musste mehrmals verbreitert werden, die Bogen der Brücke erweckten einen tunnelähnlichen Eindruck, der Name verfestigte sich und wurde zur gebräuchlichen Bezeichnung.

Der Platz war Anfang des 20. Jahrhunderts das repräsentative Aushängeschild der zu neuer Größe gewachsenen Stadt Plauen. Das beherrschende Gebäude am Platz war das Café Trömel, damals eines der größten Kaffeehäuser Sachsens mit nobelster Innenausstattung. Nirgendwo sonst wurde der neue Reichtum Plauens in den Blütejahren der Spitzenproduktion deutlicher als hier: Im Gesellschaftszimmer, im Billardsaal, im Onyxzimmer oder im Garten traf man sich um zu sehen und gesehen zu werden. Nach Beschädigung im Zweiten Weltkrieg wurden die Überreste des Baus bald abgetragen. Bis nach der Wende präsentierte sich der Tunnel dann als Frei- bzw.

Grünfläche, nur von den Wartehäusern der Straßenbahn bebaut. 2001 folgte der nicht unumstrittene Bau des jetzigen Einkaufszentrums „Stadtgalerie."

Ehemaliges Café Trömel mit Rathausturm (um 1920)

Wendedenkmal mit Nonnenturm und Rathausturm

Nicht übersehen zu werden verdient das **Wendedenkmal** an der Einmündung der Melanchthonstraße. 2010 eingeweiht, erinnert es an den „Wendeherbst" 1989, im besonderen an jene denkwürdige Großdemonstration vom 7. Oktober, bei der die Plauener als erste in diesem Herbst gegen das DDR-Regime auftraten und den erfolgreichen Wendeprozeß einleiteten (vgl. Einleitung). Das Denkmal (Bildhauer Peter Luban) präsentiert sich in Form einer bronzenen Kerze – was nicht von ungefähr kommt, waren doch brennende Kerzen in und vor den Plauener Kirchen Bestandteil der Friedensandachten, die den Protest und die Demonstrationen im Herbst 1989 begleiteten.

Etwas abseits dahinter liegt das 1898 eröffnete Plauener Theater, heute **Vogtlandtheater** genannt. Seine Gründung geht auf das Wirken einesTheatervereins zurück, der sich die Aufgabe gestellt hatte, Mittel für ein standesgemäßes Theater für die Stadt zu sammeln. Architekt des neoklassizistischen Gebäudes war der gebürtige Plauener Arwed Rossbach, der die Fassade als klassischen Tempel gestaltete. Bemerkenswert ist der Umstand, dass vom Eingang aus der Weg des Besuchers direkt in den Ersten Rang führt – das Parterre liegt abgesenkt davon tiefer. Der Grund liegt in der Hanglage des Baus am Tal der schon erwähnten Syra. Die tatsächliche Größe des Gebäudes erschließt sich daher auch am besten von der Rückseite des Gebäudes.

Ein wenig Großstadtflair vermittelt am „Tunnel" auch das noch bestehende ehem. Kaufhaus Julius Tietz mit seiner beeindruckenden Jugendstilfassade. 1912/13 nach Plänen von Emil Rösler in der Tradition der Berliner Kaufhausarchitektur errichtet, wurde es 2011-16 zum Landratsamt des Vogtlandes umgebaut.

Dem Kaufhausbau gegenüber flankiert das ehem. Kaiserliche Postamt den Eingang zur Bahnhofstraße. Im direkten Vergleich mit dem benachbarten modernen Einkaufszentrum der „Kolonnaden" sticht seine an sich das zeittypische Niveau nicht überragende Qualität positiv hervor. Der auffällige Kontrast lädt fast unweigerlich dazu ein, Gedanken über architektonische Gestaltungsweisen damals und heute anzustellen.

Unerwartet hinter dem „Kolonnaden"-Gebilde liegt der Eingang zum ehem. Alaunbergwerk „Ewiges Leben" (Reichsstr. 11) Die Stollen, in denen von 1542 bis 1826 Alaunschiefer gefördert wurde, wurden vom Vogtländischen Bergknappenverein zum Besucherbergwerk umgestaltet.

Außerhalb des Zentrums: Vom „Tunnel" ins Syratal

Um das Bild Plauens zu vervollständigen, empfiehlt sich der eine oder andere Abstecher in die „Vorstädte." Hier begegnet der Besucher vielfach noch den typischen Straßenzügen aus Gründerzeit und Jugendstil, aber auch ausgedehnten Neubaugebieten, die anstelle der 1945 zerstörten Stadtquartiere errichtet wurden. Der Besucher bekommt auch einen Begriff von der Berg- und Tallage der Stadt – die Gegebenheiten können auch mit der Straßenbahn erkundet werden. Die Plauener Straßenbahn,

1894 eröffnet und derzeit auf ca. 30 km unterwegs erschießt fast alle Stadtteile.

Ein naheliegender Weg führt über die Bahnhofstraße zum Oberen Bahnhof und weiter zum Bärenstein, einer markanten Erhebung im Stadtgebiet, und ins Erholungsgebiet Syratal. Die Bahnhofstraße zeigt in ihrem unteren Abschnitt, der als Fußgängerzone gestaltet ist, noch einige prachtvolle Geschäftshausfassaden des Jugendstils, hervorgehoben seien das Hansahaus (Ecke Bahnhofstr./ Rädelstr. 2, Koggen-Darstellung an der Ecke; Arch. Emil Rösler), das Wilkehaus (Ecke Gottschaldstraße) und das ehemalige Gebäude der Commerzbank (Nr. 38).

Am Albertplatz – bis 1945 einer der schönsten Plätze der Stadt mit Denkmälern Bismarcks und Moltkes – entstanden in den 1950er Jahren neue Wohnhäuser im traditionellen Altneustil. Das sogenannte Kopfhaus (7 Geschoße; erbaut 1966/67) markiert den Übergang zur offenen Plattenbauweise, die den nördlichen Abschnitt der Bahnhofsstraße prägt. Der **Obere Bahnhof** selbst, errichtet 1970-72 im typischen Stil der „Ostmoderne", galt zur Erbauungszeit als modernster Bahnhof der DDR. Sein historistischer Vorgängerbau war im Krieg zerstört worden. Ein schönes Beispiel für baubezogene Kunst der DDR stellt übrigens die Metallarbeit an der Stirnwand der lichtdurchfluteten Bahnhofshalle dar – zu sehen sind Plauener Wahrzeichen und typische Darstellungen von frohgemuten Arbeiter einer sozialistischen Gesellschaft.

Neben dem Bahnhof sticht die Kuppe des 432 m hohen Bärenstein ins Auge. Auf dem Gipfel steht seit 1997 ein moderner, futuristisch anmutender Aussichtsturm, den zu besteigen sich lohnt. Auch er ist nicht ohne Vorgänger – ein zur Jahrhundertwende errichteter Turm wurde ebenfalls Opfer des Krieges.

Wie die Bahnhofsstraße war auch die heutige Friedensstraße, früher Breite Straße, eine der Prachtstraßen Plauens. Der einstige Boulevardcharakter der Straße ist nach Krieg und Abrissen nur mehr zu erahnen. Als prächtigstes Gebäude verdient die heutige Industrie- und Handelskammer (IHK) besondere Aufmerksamkeit. Es ist ein Jugendstilbauwerk mit einem auffallend halbrund hervortretenden Bauteil, errichtet 1914/15 nach den Plänen der Dresdner Architekten Lossow & Kühne.

Direkt anschließend überquert ein weiteres Plauener Wahrzeichen das Tal der Syra, die **Friedensbrücke**. Wie so viele der bereits erwähnten Bauwerke entstand auch sie in der Blütezeit Plauens, dem ersten Jahrzehnt des 20. Jahrhunderts. Die Bedeutung der 1903-05 als „Friedrich-August-Brücke" erbauten Konstruktion liegt in ihren Ausmaßen: Ein in Bruchstein-Steinmauerung ausgeführter Bogen mit 90 Meter Weite überspannt bei einer Stichhöhe von 18 Meter das Tal des kleinen Syra-Flüsschens. Der Bau war ein technisches Wagnis, dem mehrere statische Gutachten vorangingen. Beim Bau der Brücke verursachte zudem ein unerwartet am südlichen Widerlager aufgetauchter alter Bergwerksstollen zusätzliche Probleme. Zur Weihe der Brücke war auch König Friedrich

August III von Sachsen, anwesend, nach dem die Brücke
ursprünglich benannt war. Nach dem Krieg wurde
Friedrich Ebert zum Namensgeber, seit 1973 trägt sie
ihren heutigen Namen, „Friedensbrücke".

Friedensbrücke

Auf der anderen Seite des Tals fällt der Turm der
katholischen Herz-Jesu-Kirche auf. Der neogotische Bau

entstand in den Jahren 1901/02 (Architekt Julius Zeißig), als sich im Zuge der Expansion auch wieder Katholiken vor allem aus den böhmischen Ländern in Plauen niederließen. Noch vor der Kirche, direkt am Brückenkopf der Friedensbrücke lohnt das Gebäude der ehem. Stickerei- und Spitzenfabrik Wilhelm Surmann (Friedensstr. 71) einen näheren Blick: Bei diesem handelt es sich um das gut erhaltene Beispiel einer typischen Textilfabrik der Jahrhundertwende (Baujahr 1911). Mit seiner reich gegliederten Fassade passt es sich der vornehmen Lage an der Friedensstraße an - gleichzeitig verdeutlicht der Bau, wie sehr die Industrie früher in die Stadt integriert war – derartige mittelgroße Betriebe inmitten der normalen Wohnbebauung waren über die ganze Stadt verteilt.

In unmittelbarer Nähe befindet sich der ehemalige Standort der Plauener Synagoge. Diese wurde 1930 im Bauhaus-Stil errichtet und würde heute wohl eine Ikone des Neuen Bauens darstellen (Architekt Fritz Landauer). Doch nur 8 Jahre nach der Weihe wurde der Bau in der „Reichskristallnacht" ein Opfer der Nazi-Barbarei. Heute erinnert eine Gedenktafel am ehemaligen Standort Ecke Senefelder Straße / Engelstraße an das Schicksal der Plauener Juden.

An der Friedensbrücke ist über eine Treppe der Abstieg ins Syratal möglich. Hier fängt das Erholungsgebiet **Syratal** an. Größter Anziehungspunkt ist hier die Parkeisenbahn, die als Pioniereisenbahn 1959 eröffnet wurde und mittels elektrischer Oberleitung betrieben wird. Wanderwege führen von hier aus durch das landschaftliche reizvolle Syratal weiter zum Dobenaufelsen, auf dem noch geringe

Reste einer mittelalterlichen Burganlage und der später darin errichteten St. Wolfgangs-Kapelle auszumachen sind. Von hier ist es nicht weit zum 1904-06 angelegten Stadtpark, einem großzügigen Landschaftsgarten mit Ententeich und Drachengrotte, von dem es wiederum nur eine kurze Wegstrecke zurück zum Oberen Bahnhof ist.

Der Westen: Neundorfer Vorstadt – Siedlung Neundorf

Die Neundorfer Vorstadt schließt sich westlich an das Stadtzentrum an, die Straßenbahnlinie 1/3 folgt der Hauptstraße (Neundorfer Str. / Karl-Liebknecht-Str.) An der Endstation der Straßenbahnlinie steht an der Neundorfer Straße 171 /Ecke Kasernenstraße ein besonders sehenswertes Beispiel für die bisweilen opulente Fassadengestaltung, die Plauener Mietshäuser um 1910 zeigen: Gesichter und Blattwerk, Vögel und Sonnen zieren die Wände. Diese phantasievolle Dekorfreudigkeit zeichnet den Plauener Jugendstil aus, Beispiele dafür finden sich in allen Stadtteilen.

Die auffälligsten Bauwerke im Plauener Westend bilden jedoch den Komplex der ehemaligen König-Georgs-Kaserne (Europaratstraße 1-3 ua.): gelbe Backsteingebäude, errichtet in der Mehrzahl zwischen 1900 und 1903 für das Königlich-sächsische Infanterie-Regiment Nr. 134. Vom Eingang an der Europaratstraße gelangt man zwischen turmgeschmückten Stabsgebäude und Offizierskasino in einen weitläufigen Hof, den die ehemaligen Mannschaftsgebäude umrahmen. Die meisten Gebäude werden heute als Behördenzentrum genutzt.

Hinter einem neuen Möbelmarkt-Klotz stößt man dann noch auf einen leerstehenden Industriebau (Ricarda-Huch-Str. 1). Die ehem. Glühlampenfabrik der AEG wurde 1911 errichtet, während des Ersten Weltkriegs aber auf Rüstungsproduktion umgestellt. Aus der Fabrik wurde eine Kartuschieranstalt, in der überwiegend Frauen damit beschäftigt waren, Kartuschen mit Sprengstoff zu befüllen. Am 19. Juli 1918 ereignete sich hier ein verheerendes Unglück, als es zu einer Explosion bzw. einem plötzlichen Brand kam, der am Ende die ungeheuerliche Zahl von 300 Todesopfer forderte und ganz Plauen erschütterte. Vor Ort erinnert heute nichts mehr an die Katastrophe, doch befindet sich auf dem Hauptfriedhof (S. 42) eine Grab- und Gedenkstätte.

Der Südosten: Reichenbacher Vorstadt – Chrieschwitz – Reusa

Die Reichenbacher Straße führt vom Zentrum aus in die südöstliche Richtung (Straßenbahnlinien 4/6). In einer engen Kehre führt sie vorbei am Altbau des ehem. Stadtkrankenhauses (heute „Helios-Klinikum") hinan zum Ort, an dem die Plauener traditionellerweise ihre Feste feiern. Ins Auge fällt das Klinkergebäude des ehemaligen

Schützenhauses (Gaststätte „Treffer"; Äußere Reichenbacher Str. 2). Unweit davon steht die moderne Plauener **Festhalle**, wichtiger Kulturveranstaltungs- und Kongressort des Vogtlandes. Was man dem Gebäude äußerlich nicht ansieht, ist der Umstand, dass seine Wurzeln in der DDR liegen Nach langen und mühsamen Vorbereitungen konnte die Festhalle ausgerechnet im Herbst 1989 eröffnet werden – zeitnah zu den Feierlichkeiten zum 40. Jahrestag der Republik. Der Zuspruch war da freilich nur mäßig, eine Woche später gingen die Plauener bekanntlich auf die Straße um gegen das Regime zu protestieren.

Der Umbau der Halle im Jahr 2007 durch das Dresdener Architekturbüro Code Unique veränderte das Erscheinungsbild entscheidend, stellt aber in der ausgewogen-schlichten, von Glas dominierten Gestaltung einen der besten Bauten dar, die nach 1989 in Plauen bzw. dem Vogtland entstanden sind. Sprechendes Detail ist die vorgehängte Glaswand über dem Eingang, die mit Spitzen-Motiven bedruckt wurde. Der große Saal im Inneren atmet noch viel Flair der späten „Ostmoderne"

Die (Äußere) Reichenbacher Straße führt weiter zur größten Plattenbausiedlung Plauens, dem **Wohngebiet Chrieschwitz** (Straßenbahn Nr. 2/3, Endstation „Waldfrieden"). Das zwischen 1978 und 1986 errichtete Wohngebiet umfasst 5-, 6- und 11geschossige Häuser des Typs WBS 70, die Wohnraum für ca. 6000 Menschen boten. Die Flächen sind durch Abrisse der letzten Jahre und Jahrzehnten mittlerweile merklich ausgedünnt.

Vom Krankenhaus aus führt die steil ansteigende Reusaer Straße in den gleichnamigen Stadtteil Reusa (Straßenbahnlinie 4/6 über Röntgenstraße). An ihr liegt die Schaustickerei Plauen (Obstgartenweg 1), die in authentischer Weise im Wohnhaus und Werkstattgebäude eines Stickerei-Kleinbetriebs untergebracht ist. Hier wird auf historischen Original-Stickautomaten die Entstehung Plauener Spitzen präsentiert.

Lohnend ist auch ein Besuch des **Hauptfriedhof**s im Stadtteil Reusa (Kleinfriesener Str. 14, Straßenbahn-Station „Hauptfriedhof"). Die großzügige parkähnliche Anlage ist ein weiteres Beispiel für den Planungsmaßstab der Großstadtzeit Anfang des 20. Jahrhunderts. Im Zentrum der Anlage erhebt sich das Krematorium, ein in dominierender Höhelage 1911 errichteter Bau, axial auf den Haupteingang ausgerichtet und mit vorgelagerter Terrasse. Rathaus-Architekt Wilhelm Goette schuf mit dem Krematorium seinen wohl interessantesten Bau, stilistisch einer Art archaischem Jugendstil folgend, wie er auch für das zeitgleich entstandene Völkerschlachtdenkmal in Leipzig typisch ist. Das Grab des Architekten liegt übrigens unmittelbar im Vorfeld des Gebäudes. Der Friedhof selbst ist ein idyllischer Waldfriedhof mit beachtlichem Baumbestand. Auf ihm findet sich auch das Grab des Zeichners Erich Ohser (e.o.plauen).

Krematorium auf dem Hauptfriedhof

Der beherrschende Blickpunkt im Süden Plauens schließlich ist der **Kemmler** – neben dem Bärenstein der zweite Hausberg Plauens und ein lohnender Aussichtspunkt. Auf seinem Gipfel steht seit 1902 der Plauener Bismarckturm. Er entspricht dem von Wilhelm

Kreis für Bismarcktürme vorgegebenen Muster „Götterdämmerung" und erreicht eine Höhe von 18,5 Meter. Er bietet einen schönen Ausblick nicht nur auf Plauen, sondern auf die gesamte umgebende Kuppenlandschaft des Vogtlandes

Das Elstertal

Der Bereich des Elstertals, auch Elsteraue genannt, war das erste Industriegebiet der Stadt, heute eine durchmischte, von Wohnbauten, Gewerbe- und Brachflächen dominierte Fläche, die gleichwohl interessante Relikte bereithält. Das in Neugestaltung begriffene Areal der Hempelschen Fabrik wurde im Altstadt-Kapitel bereits beschrieben. Wer den Bereich flußaufwärts wandert, findet dazu an der Adresse Dürerstraße 30 das ehem. **Maschinenhaus der Fa. Hempel**, einen Kubus mit Oberlichtaufsatz, der gut den gestalterischen Anspruch dokumentiert, den die Industriearchitektur in den 1920er Jahren im Rahmen der Reformarchitektur aufweisen konnte.

Zwei Brücken über die Elster verdienen Beachtung: die Gösselbrücke (Trockentalstraße), in historistischen Formen 1897 als Steinbrücke errichtet, und die rund 10 Jahre jüngere Dürerbrücke, ein Betonbogen mit Natursteinverkleidung. Unweit der letzeren fällt ein stattliches Wehr auf und nahebei das sanierte Fabriksgebäude der ehem. Bleicherei Uebel & Co.

(Uferstraße 3), das heute das „Berufsschulzentrum e.o. plauen" beherbergt.

Diesem gegenüber liegen an der anderen Uferseite (Holbeinstraße) weitere historische Fabriksgebäude, die vor 1989 vom VEB „Plauener Gardine" genutzt wurden. Im Anschluss östlich daran erstreckte sich früher der einst größte Plauener Industriebetrieb, die Vogtländischen Maschinenfabrik (Vomag). Ab 1902 waren hier an der Elster weitläufige Fabrikshallen zur Produktion von Stickerei- und Druckmaschinen entstanden, dazu kam später der Bau von Lastkraftwagen und Autobussen. Im Zweiten Weltkrieg schließlich wurde die Vomag zum Rüstungsbetrieb, der in großem Umfang Panzer für die Wehrmacht baute. Aus diesem Grund war die Vomag auch ein deklariertes Angriffsziel bei den Bombardements von 1945. Die Zerstörungen waren so verheerend, dass ein Wiederaufbau nach dem Krieg nicht mehr in Frage kam. Als letzter erwähnenswerter Zeuge aus dieser Zeit ist die sog. **Panzerbrücke** über die Elster erhalten geblieben. Die an sich unscheinbare Stahlträger-Trogbrücke mit ihrem massiven Strompfeiler wurde während des Krieges errichtet und stellte den Anschluss der neu errichteten Panzermontagehalle an das Bahnnetz sicher. Die stabile Konstruktion wurde während der Luftangriffe beschädigt, aber nicht zerstört. Deutlich sichtbare Kriegsschäden an der Brücke sind bis heute ein sprechendes Zeugnis für den Furor des Krieges.

Panzerbrücke über die Elster

Der Osten: Reißiger Vorstadt – Preiselpöhl

Die Reißiger Vorstadt, die sich nordöstlicher Richtung bis zur Anhöhe des Preißelpöhls erstreckt, stellt ein gründerzeitliches Stadtviertel dar, das wie alle Stadtteile Plauens früher durchsetzt war mit zahlreichen kleineren oder größeren Industriebetrieben. Erschlossen wird es durch die Straßenbahnlinien 1/2 (Endstation „Preißelpöhl"). Auf halbem Weg stößt man auf die Anlagen des Friedhofs I (Reißiger Str. 57; Eingang auch von Jößnitzer Str.), eröffnet 1866, und – etwas abgelegen – Friedhofs II (Am Preißelpöhl), eröffnet 1889. Beide Anlagen weisen einige sehenswerte Grab- und Gruftanlagen auf, die meist die Namen von für Plauen bedeutsamen Fabrikanten tragen. Der aufgelassene Friedhof II ist mittlerweile zum Arboretum (Baumpark) umgestaltet.

Als Zentrum des Stadtteils kann der Richard-Wagner-Platz angesprochen werden, eine jugendstilzeitliche Grünanlage mit einem bemerkenswerten Relikt: In einer Ecke des Parks steht eine historische Bedürfnisanstalt, ein kleiner achteckiger Bau mit Fachwerkaufsatz, Pyramidendach und Laterne.

Eine der am besten erhaltenen und nachwie vor industriell genutzten Fabriksbauten Plauens befindet sich in unmittelbarer Nähe: der Komplex des **Kabelwerk**s. Eindrucksvoll ist der Trakt an der August-Bebel-Straße, der 1899 als Wäschefabrik Blanck & Co. erbaut wurde. Seine repräsentative Fassaden zeigen in der Mischung aus Klinker- und Putz-Mauerwerk eine Anpassung an die umgebende Mietshausbebauung. Seit 1919 als Kabelwerk genutzt und seit 1928 Teil des Siemens-Konzerns, erfuhren die Gebäude in den 1930er Jahren beträchtliche Erweiterungen im Bereich Breitscheidstraße, ausgeführt in sachlicher Formensprache.

Ebenfalls durch das Kabelwerk genutzt wird das Gelände des ehem. Schlachthofs. Die 1898-1901 errichteten Gebäude bilden ein in großen Teilen relativ gut erhaltenes Industrieensemble und stehen unter Denkmalschutz. Wahrzeichenhaft erhebt sich der oktogonale, zinnenbekrönte Wasserturm in der Mitte der Anlage.

Kabelwerk (Ehem. Wäschefabrik Blanck & Co,)

Der Norden: Haselbrunn

Im Norden der Stadt gelegen bietet der Stadtteil das typische Bild eines Arbeiterwohnviertels mit Zinshäusern aus der Zeit um 1910. Erschlossen wird er durch die Straßenbahnlinien 5/6, die ihre Endstation am Standort der ehem. „Plamag" haben, wobei „Plamag" für Plauener Maschinenbau AG steht, den „Vomag"-Nachfolger im Bereich Druckmaschinenbau.

Dominierender Blickfang im Viertel ist die **Markuskirche** (Morgenbergstr. 34), errichtet 1911/12 nach Plänen des Berliner Architekten Heinrich Adam. Der Bau ist eine stilistisch bemerkenswerte Kombination von romanischen und byzantinischen Elementen. Auffallend sind die vier abstehenden Adlerköpfe unterhalb der Turmspitze, die fast an jene des New Yorker Chrysler-Buildings erinnern. Die ursprüngliche Wirkung des einst reich ausgemalten Innenraums ist heute leider nicht mehr erlebbar, nachdem 1965 eine Zwischendecke eingezogen wurde, die das Innere in eine Ober- und Unterkirche teilt. Ein Teil der Ausmalung wurde 2003 wieder freigelegt und restauriert.

Weiter nördlich gelegen finden sich eine Zahl Freizeit- und Sportstätten, von denen das **Freibad Haselbrunn** (Nach dem Stadion 80) besonders hervorzuheben ist. Die großzügig geplante Anlage war bei der Errichtung 1925/26 ein Prestigeprojekt der Stadt. Das Bad verfügte über ein wettkampftaugliches 100-Meter-Becken und einen 10-Meter-Sprungturm. Während das große Becken in seiner ursprünglichen Form nicht mehr existiert, wurden die im

Halbrund um die Becken angeordneten Kabinentrakte aus Holz, die 200 Kabinen umfassen, erhalten und denkmalgerecht saniert. Das Haselbrunner Bad ist über Sachsen hinaus eine der schönsten Freibadarchitekturen seiner Zeit.

Freibad Haselbrunn

Weiterführende Literatur

Architekturführer DDR: Bezirk Karl-Marx-Stadt / Chemnitz. Berlin: VEB Verlag für Bauwesen 1989

Vogtlandmuseum Plauen (Hg.): Ein Gang durch Alt-Plauen. 2. Aufl. Plauen 1993 (Museumsreihe Nr. 60)

Schad, Beate: Bauwerke der Textilindustrie in Plauen. Eine fotografische Dokumentation mit Betrachtungen zur Textilgeschichte Plauens. Plauen 1997
Georg Dehio-Handbuch der deutschen Kunstdenkmäler. Sachsen II: Regierungsbezirke Leipzig und Chemnitz. Berlin: Deutscher Kunstverlag 1998

Verein der Freunde und Förderer des Vogtlandmuseums (Hg.): Plauen-Die Altstadt. Ein Rundgang zu den historischen Denkmalen. Plauen 2011

Naumann, Gerd: Plauen im Bombenkrieg 1944/45. Plauen: PG-Verlag 2011

Friedreich, Sönke: Der Weg zur Großstadt. Stadtentwicklung, bürgerliche Öffentlichkeit und symbolische Repräsentation in Plauen 1880-1993. Leipzig:

Leipziger Universitätsverlag 2017 (Schriften zur sächsischen Geschichte und Volkskunde Nr. 57)

Stadt Plauen (Hg): Plauen 900. Von den Anfängen bis in die Gegenwart. Dresden: Sandstein 2021

Register der Sehenswürdigkeiten